Mosaik

GERDA PIGHIN

Kinder fragen:

WIE KOMMT DAS BABY IN DEN BAUCH?

*Ein Aufklärungsbuch für Kinder
zum Vorlesen und Selberlesen*

ILLUSTRATIONEN VON
HESELER & HESELER

Mosaik Verlag

Der Mosaik Verlag ist ein Unternehmen der Verlagsgruppe Bertelsmann

© 1995 Mosaik Verlag GmbH, München / 5 4 3 2
Redaktion: Monika König
Art Direction und Satzerstellung: Atelier Noëlle Thieux, München
Umschlaggestaltung: Noëlle Thieux
Druck und Bindung: Mohndruck Graphische Betriebe GmbH, Gütersloh
ISBN 3-576-10277-9
Printed in Germany

Inhalt

Einleitung

ast alle Mütter und Väter wissen und akzeptieren heute glücklicherweise, daß ihre Kinder sexuelle Wesen sind. Sie gestehen ihnen nicht nur Lust und Freude am eigenen Körper zu. Sie finden auch das Interesse und die Neugier ihrer Kinder im körperlichen und sexuellen Bereich in Ordnung – sie wollen die Kinder aufklären.

Was so selbstverständlich gedacht ist, stellt sich in der Realität dann häufig als doch nicht ganz so einfach heraus. Die wenigsten Erwachsenen sind daran gewöhnt, über Sexualität zu sprechen – noch dazu mit einem Kind. Für das Wetter, den Straßenverkehr, ein Spiel, die Straßenbahn oder sogar den Bundestag lassen sich viel leichter die richtigen Worte finden, die auch ein kleines Kind verstehen kann, als für Sexualität.

Die Eltern fragen sich, »versteht mein Kind das überhaupt schon?«, »überfordere ich es nicht mit meinen Erklärungen«, »ist es dafür nicht noch zu klein?«.

Diese Befürchtungen sind fast immer überflüssig. Als Faustregel kann gelten: Wenn ein Kind fragt, ist es auch alt genug für die Antwort und wird sie verstehen – wenn diese Antwort, ebenso wie in allen anderen Bereichen, seiner Entwicklung gemäß formuliert wird. Keine Mutter, kein Vater wird einem zwei- oder dreijährigen Kind einen wissenschaftlichen Vortrag über Botanik halten, wenn es wissen will, warum im Herbst die Blätter von den Bäumen fallen. Das Kind wird vermutlich erfahren, daß der Baum im Winter keine Blätter brauchen kann, weil sonst der Schnee die Äste abbrechen würde, wenn er schwer darauf liegt. Und daß im Frühling neue Blätter wachsen.

Genauso einfach sind die Antworten bei der Aufklärung – oder sollten sie sein. Kein Kind will alles auf einmal wissen. Sexualität ist nur ein Bereich von vielen, die Kinder interessieren. Für sie ist alles neu, sie wollen alles wissen – aber schön nach und nach.

Das erste, was Kinder im sexuellen Bereich interessiert, ist ohnehin ein Thema, das Eltern leichtfällt. Nämlich: »Wo komme ich her?«, »Wie bin ich auf die Welt gekommen?« Diese Frage wird meist im dritten Lebensjahr gestellt.

Die erste und beste Antwort ist: »Du bist in meinem Bauch gewachsen«. Will das Kind mehr wissen und geben ihm die Eltern das Gefühl, daß es auch fragen darf, wird es weiterbohren – und hoffentlich auch weitere Antworten erhalten.

Die Fragen nach Küssen, Schmusen, Geschlechtsverkehr werden meist im fünften oder sechsten Lebensjahr bedeutungsvoll, wenn Kinder erste enge Freundschaften schließen und sich für den Körper des anderen Geschlechts interessieren.

Eltern müssen aber durchaus nicht darauf warten, daß ein Kind von sich aus fragt. Das tun sie in anderen Bereichen schließlich auch nicht. Wenn ein Vater, eine Mutter möchte, daß ein Kind etwas erfährt, etwas lernt, wird er/sie ihm das beibringen – egal ob es gefragt hat oder nicht.

Außerdem spürt ein Kind ganz genau, wenn sich Eltern in ihrer eigenen Sexualität nicht ganz sicher sind oder ihnen das Thema peinlich ist. Es spürt, das Thema ist unerwünscht, und unterdrückt seine Neugier, stellt keine Fragen.

Gelegenheiten bieten sich reichlich, in denen das Thema Sexualität behutsam angesprochen werden kann. Beispielsweise, wenn man eine schwangere Frau sieht oder in der näheren Umgebung jemand ein Baby erwartet.

In diesem Buch finden Eltern kindgerechte Erklärungen zu allen Themen der Sexualität, Schwangerschaft und Geburt, die sie ihrem Kind vorlesen können oder die es selbst lesen kann. Eltern können die Texte aber auch als Anregung betrachten und ihrem Kind die Erklärungen dann mit eigenen Worten geben.

So sehen wir aus

Woran erkennt man ein Mädchen,

woran einen Jungen?

Worin unterscheiden sich Mann und

Frau voneinander?

*f*rüher war es ganz einfach. Da hat jeder gleich gesehen, wer ein Junge oder wer ein Mädchen ist. Denn Mädchen trugen damals lange Haare und Zöpfe und hatten ein Kleid oder ein Röckchen an. Die Haare der Buben waren kurz geschnitten, so daß man die Ohren sehen konnte. Und sie trugen lange oder kurze Hosen.

Aber heute? Evi trägt Jeans und Sweatshirt, Martin trägt Jeans und Sweatshirt. Holger hat schöne Locken, die bis zur Schulter reichen. Petras Schopf ist kurz wie die Stacheln eines Igels. Manchmal haben Mädchen auch heute noch ein hübsches Kleid oder einen Rock an. Jungen dagegen tragen fast immer Hosen. Aber in der Hose könnte eben auch ein Mädchen stecken.

Woran merkt man also, wer ein Junge, wer ein Mädchen ist? Richtig, man sieht es nur, wenn die beiden nackt sind.

Und wie sieht's bei den Erwachsenen aus? Beinahe so ähnlich. Frauen tragen auch oft Hosen und kurze Haare. Männer haben manchmal sogar eine Pferdeschwanzfrisur. Aber viele Frauen haben auch lange Haare und hübsche Kleider und Stöckelschuhe an. Und manche Männer haben eine Glatze und tragen einen Anzug mit Krawatte. Da weiß man dann gleich, ob es ein Mann oder eine Frau ist.

Erwachsene Frauen erkennt man aber noch an etwas anderem. Weißt Du es? Ja, erwachsene Frauen haben eine runde Brust. Männer haben das nicht.

So sieht ein Mädchen aus

mädchen und Jungen sehen beinahe gleich aus, solange sie noch klein sind. Sie haben ein Gesicht mit Äuglein, Nase, Mund und Ohren. Sie haben Arme, Beine, Hals und Rücken. Vorne sind zwei Brustwarzen und in der Mitte vom Bauch ist der Nabel. Nur unter dem Nabel, da wo der Bauch zu Ende ist, sieht ein Mädchen anders aus als ein Junge.

Es hat da eine Spalte oder einen Schlitz. Richtig heißt sie Vulva. Doch die meisten Leute nennen sie anders: Möse, Muschi, Kipferl oder Pfläumchen. Wie heißt sie bei Dir? In dieser Spalte haben Mädchen zwei Löchlein. Das obere ist zum Pipimachen da. Das darunter führt in einen kleinen Gang in den Körper. Dieser Gang heißt Scheide und führt hinauf bis zu einem runden Raum. Er heißt Gebärmutter, weil darin später, wenn das Mädchen groß eine erwachsene Frau ist, ein Baby wachsen kann. Links und rechts von diesem Raum sind winzige Eierstöcke angelegt. Die kleinen Eier darin werden erst reif, wenn das Mädchen erwachsen ist. Vor dem Löchlein zum Pipimachen haben Mädchen noch einen Hügel, so klein, daß man ihn kaum sieht. Aber wenn man ihn streichelt, kribbelt es angenehm. Das Hügelchen heißt Klitoris oder Kitzler.

Haben wir noch etwas vergessen? Ach ja! Mädchen haben auch Haare, Hände, Füße und einen Po. Da sehen sie so aus wie Jungen.

So sieht ein Junge aus

der Unterschied zu Mädchen liegt bei den Jungen ebenfalls am unteren Ende des Bauches, zwischen den Beinen. Da hat jeder kleine Junge einen Penis (das ist der richtige Ausdruck dafür). Manche nennen ihn Glied, Schwänzchen, Pimmel oder Pipimann. Wie heißt er bei Dir?

Über dem Penis ist eine Haut, die sich an der Spitze ein wenig zurückschieben läßt. Sie heißt Vorhaut. Schaut man darunter, sieht man die eigentliche Spitze des Penis, die Eichel. Sie kribbelt bei Berührungen genauso intensiv wie die Klitoris bei Mädchen.

In der Mitte ist ein Löchlein. Da kommt Pipi heraus. Und später, wenn der Junge ein Mann ist, kommt aus diesem Loch auch noch der Samen raus, der gebraucht wird, wenn ein Baby entstehen soll.

Hinter dem Penis hängt ein kleines Säckchen mit zwei Kugeln drin. Das heißt Hodensäckchen und die Kugeln heißen Hoden. Auch die braucht der Junge erst, wenn er ein Mann ist. Aber er hat sie jetzt schon.

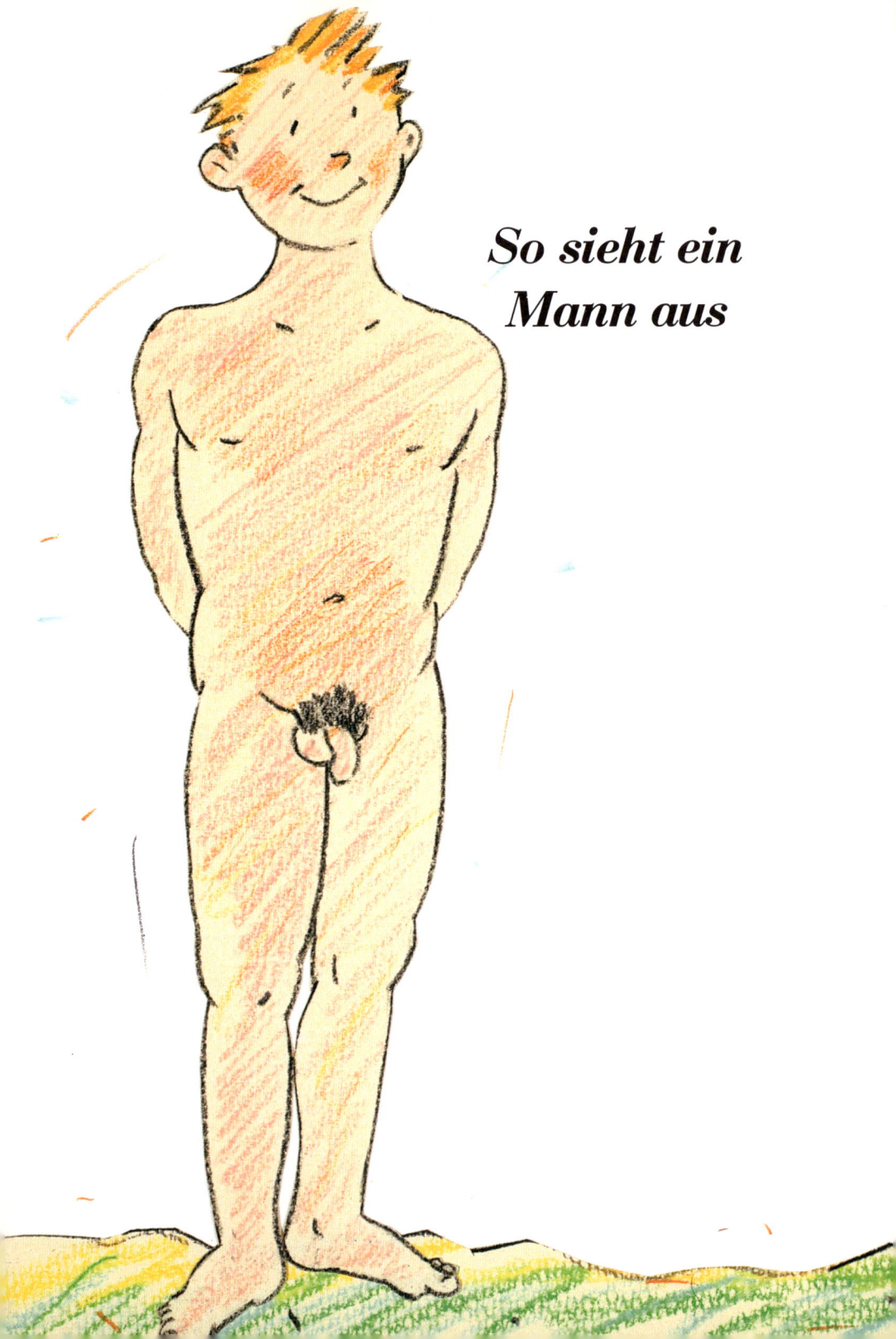

So sieht ein
Mann aus

eigentlich sehen Männer aus wie Jungen. Sie haben Arme, Beine, einen Kopf, einen Bauch, Rücken und Po. Und sie haben einen Penis, einen Hodensack und Hoden. Trotzdem ist einiges ein wenig anders als bei den Jungen. Was meinst Du, was es ist?

Richtig: Ein Mann ist viel größer als ein Junge. Er hat Haare an Armen und Beinen, unter den Achseln und auf der Brust. Er hat auch Haare um den Hodensack herum. Penis und Hoden sind ebenfalls größer als bei Jungen, und manchmal sind auf dem Kopf viel weniger Haare. Manche Männer haben auch eine Brille und kräftige Muskeln an den Armen. Aber sonst haben sie nichts, was nicht ein Junge auch schon hätte. Kannst Du Dir vorstellen, wie Du später als Mann aussehen wirst? Magst Du es aufzeichnen?

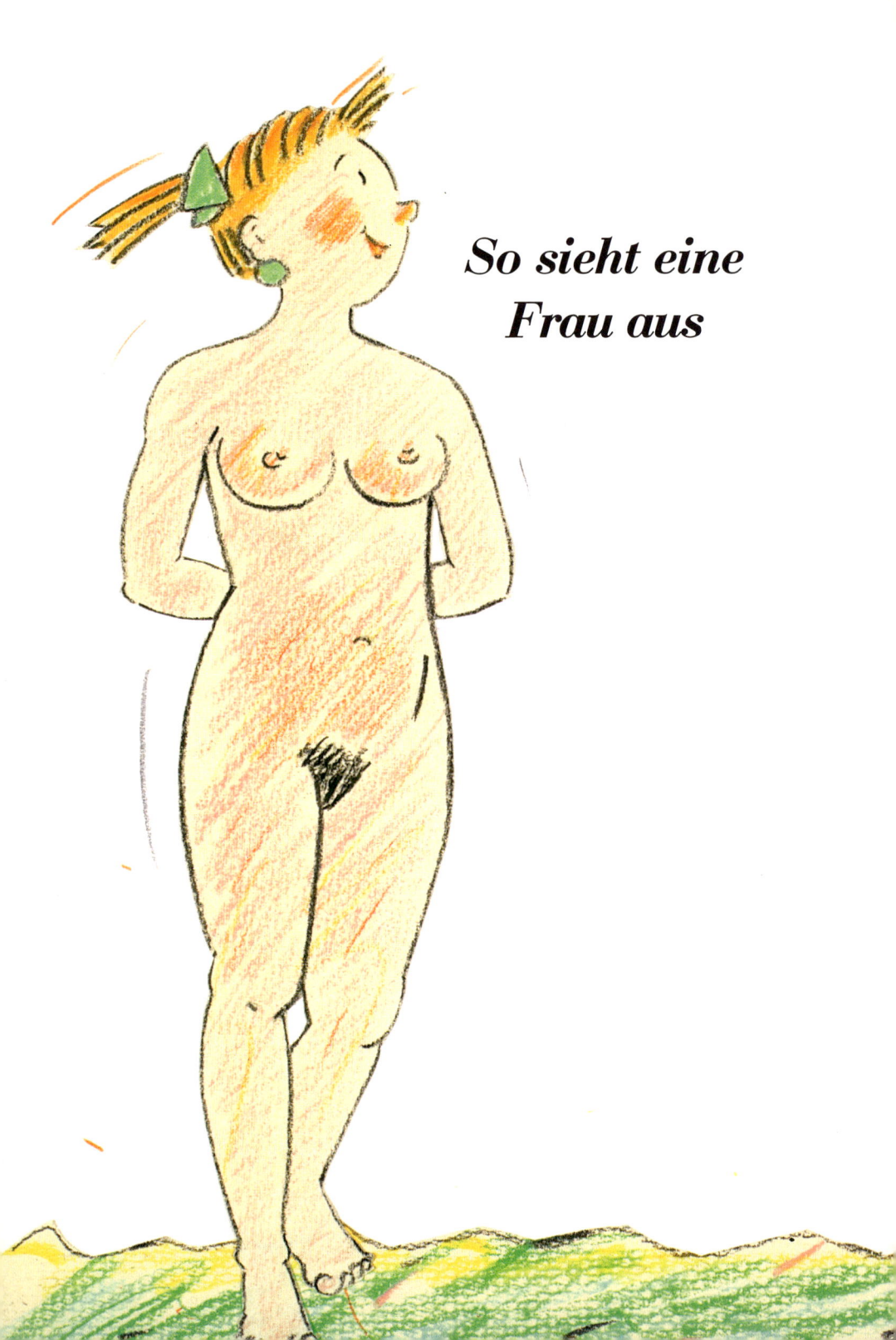

So sieht eine
Frau aus

*a*uch Frauen sind größer als Mädchen. Sie haben zwei große runde Brüste. Manche Leute sagen auch Busen dazu. Die brauchen sie, wenn sie ein Baby haben, denn darin entsteht die Milch fürs Baby.

Frauen haben, wie Männer, Haare unter den Achseln. Manche Frauen haben auch Haare an Armen und Beinen, aber nicht so viele wie Männer. Über der Vulva haben sie ebenfalls Haare. Du siehst, der Unterschied zwischen einer Frau und einem Mädchen ist gar nicht so groß, denn auch ein Mädchen hat schon fast alles an und in seinem Körper, was auch eine Frau hat, nur kleiner eben. Und ohne die vielen Haare. Weißt Du noch, was das alles ist? Magst Du Dir vorstellen, wie Du später als Frau ausehen wirst? Magst Du es aufzeichnen?

Aufklärung gehört zum Alltag

Kinder sind von Anfang an sexuelle Wesen. Ihre Sexualität entwickelt sich genauso wie Laufen, Sprechen oder Denken. Und ebenso wie dazu, braucht ein Kind auch in seiner sexuellen Entwicklung die liebevolle Unterstützung und Förderung durch die Eltern. Deshalb:

* Aus der Aufklärung kein – oftmals peinliches – Sonderthema machen, das an einem bestimmten Tag abgehandelt wird. Besser ist es, den geschlechtlichen Bereich, Liebe, Zärtlichkeit und sexuelle Aufklärung in den ganz normalen Erziehungsalltag zu integrieren.

* Bereits im Babyalter sexuelle Themen nicht aussparen. Das heißt: Wenn die Mutter beispielsweise beim Wickeln die Körperteile ihres Babys einzeln beim Namen nennt, sollte sie die Geschlechtsteile nicht auslassen. Sonst lernt das Kind jetzt schon, daß es sich dabei um einen namenlosen, um einen Tabubereich handelt (die Gefahr: es fragt später nicht mehr und bekommt seine Informationen nicht von den Eltern).

* Wenn das Kind größer ist, sollten Sie seine Fragen dann beantworten, wenn es sie stellt. Kinder, die auf später vertröstet werden oder die hören, »das verstehst Du noch nicht« oder »so etwas fragt man nicht«, bekommen den Eindruck, Sexualität sei etwas Verbotenes.

Schmutzige Wörter und sexistische Witze – einfach ignorieren?

»Die Mädels sind ja längst abgeknutscht«, »unser Lehrer ist ein Wichser«, »das Auto ist geil, aber die Reifen sind fuck« - schon Vierjährige entsetzen ihre Eltern oft mit Ausdrücken, Witzen oder Gesten (gereckter Mittelfinger) aus der sexuellen Gossensprache. Was tun?

* Auf jeden Fall Ruhe bewahren. Solch kleine Kinder schnappen die Ausdrücke auf und verwenden sie, weil sie neu sind und Reaktionen auslösen. Nur selten wissen die Kleinen, was das wirklich bedeutet.

* Dem Kind in Ruhe erklären, was es da sagt oder tut (dieses Buch kann dabei helfen). Ihm auseinandersetzen, daß dies häßliche Wörter, Geschichten und Gesten sind, die eine schöne Sache in den Schmutz ziehen und mit denen man andere Menschen kränken kann.

* Ignorieren, bzw. nicht wütend darauf reagieren (natürlich auch nicht darüber lachen), dann wird dieses Verhalten bald uninteressant.

Das können wir mit dem Körper tun

Aus dem Baby wird ein Kleinkind,
ein Schulkind, ein Jugendlicher
und schließlich ein Erwachsener.
Jeder sieht anders aus und kann
etwas anderes besonders gut.

Was ein Baby alles kann

Sicher hast Du schon mal ein Baby beobachtet. Vielleicht hast Du ja eine kleine Schwester oder einen kleinen Bruder bekommen. Was meinst Du, was dieses winzige Ding mit seinem Körper schon alles machen kann?

Was Dir sicher aufgefallen ist: Es kann schreien, es kann auch mit seinen Händchen durch die Luft fuchteln und mit den Beinchen strampeln.

Das Baby schläft sehr viel. Wenn Du ein Geschwisterchen hast, wirst Du das möglicherweise ganz schön langweilig finden. Erst hast Du Dich drauf gefreut, und jetzt liegt es meist nur in seinem Bettchen, schreit ab und zu, wird von der Mutter gefüttert und herumgetragen, öfter auch frisch angezogen. Du hast den Eindruck, das Baby kann überhaupt nichts.

Doch da täuschst Du Dich. Babys können eine ganze Menge. Auch Du konntest als Baby schon recht viel.

Schon als Du zur Welt kamst, konntest Du hören, sehen, riechen, schmecken und fühlen. Das hast Du sogar schon gelernt, als Du noch im Bauch der Mutter warst. Jetzt

kannst Du Dich wahrscheinlich nicht mehr daran erinnern.

Anfangs konntest Du zwar mit den Augen noch nicht alles deutlich erkennen. Dafür hast Du aber mit Deiner Nase gleich gerochen, ob Dich Deine Mutter aus dem Bettchen holt oder irgend jemand anderer.

Und Du hast genau geschmeckt, ob Du die Milch, die Du bekommst, auch magst. War das nicht der Fall, hast Du das Gesicht verzogen und sie ausgespuckt.

Was um Dich herum vor sich ging, konntest Du schon sehr gut hören. Du hast sehr genau gespürt, wenn Dich Mutter oder Vater gestreichelt haben. Es war sehr schön für Dich, wenn die sanften, warmen Hände der Mama Dich berührt haben.

Babys können einige Monate lang nur Milch trinken. Entweder aus der Brust der Mutter oder aus einer Flasche. Die Milch stillt Hunger und Durst. Würde man einem Baby etwas anderes zum Essen und Trinken geben, bekäme es schreckliche Bauchschmerzen und würde krank.

Mit ihrer Stimme können Babys die Leute auf sich aufmerksam machen. Sie sprechen zwar nicht, weinen aber ganz unterschiedlich. Haben sie Hunger oder Bauchweh, ist das Geschrei am lautesten. Ist ihnen langweilig oder fehlt ihnen die Nähe zur Mutter, weinen sie meist etwas leiser vor sich hin.

Jeden Tag lernt das Baby etwas Neues

Ein Baby wächst ziemlich schnell und lernt fast jeden Tag etwas Neues hinzu. Mit ungefähr drei Monaten kann es nach einem Spielzeug greifen und lacht Eltern und Geschwister an. Wenige Monate später dreht es sich allein vom Bauch auf den Rücken, stützt sich auf Arme und Beine, und schon bald wird es durch die Wohnung krabbeln. Dann muß man alle sehr kleinen Gegenstände wegräumen, damit es nichts verschlucken kann, denn Babys nehmen furchtbar gern alles in den Mund. Etwas größere Babys können ihre Füße in den Mund stecken, wenn sie auf dem Rücken liegen. Kannst Du das auch?

Wenn das Baby seinen ersten Geburtstag gefeiert hat, lernt es bald danach zu laufen. Dann ist es kein richtiges Baby mehr, sondern schon ein Kleinkind.

Was Kleinkinder können

*a*ls Kleinkind konntest Du laufen, turnen, klettern, treppensteigen und springen. Anfangs bist Du noch oft hingefallen und warst auch nicht so schnell. Aber beim vielen Üben sind Knochen und Muskeln immer kräftiger und geschickter geworden. Heute kannst Du auf der Treppe zwei Stufen auf einmal nehmen, als Kleinkind hast Du Dich noch festhalten müssen.

Was kann ein Kleinkind noch alles mit seinem Körper machen? Was meinst Du? Purzelbäume schlagen, auf einem Bein stehen, eine Rutschbahn hinuntersausen, wie ein Hampelmann springen, einen Ball werfen und wieder fangen, ein Bild malen, aus Knetmasse kleine

Tiere formen, mit anderen Kindern um die Wette rennen, von einem Stuhl herunterspringen, mit der Schere Papier ausschneiden, einen Luftballon aufblasen und vieles mehr.

Kleinkinder können auch sprechen. Anfangs noch nicht so viel und nicht so gut, aber sie lernen jeden Tag neue Wörter dazu.

Neu: das Töpfchen

Kleinkinder lernen noch etwas ganz Tolles. Sie lernen, aufs Klo zu gehen, wenn sie Pipi machen oder kacken müssen. Zuerst haben die meisten einen kleinen Topf, auf den sie sich setzen, wenn sie spüren, daß unten etwas heraus will (als Baby haben sie das nicht gespürt, da ist es einfach herausgelaufen, weshalb Babys auch Windeln anhaben). Hast Du auch einen Topf? Oder bist Du, wie manche anderen Kinder, gleich aufs grosse Klo gegangen? Weil das Klo der Erwachsenen für kleine Kinder viel zu groß ist, gibt es dafür eine extra Brille, die man drauflegt. So kann das Kind nicht hineinfallen.

Was Schulkinder können

mit sechs Jahren kommen Kinder in die Schule, manchmal auch erst mit sieben. Dann heißt es für sie: lange ruhig sitzen, aufpassen, was die Lehrerin oder der Lehrer erzählt, schreiben, rechnen und lesen üben und nachmittags zu Hause Hausaufgaben machen. Das kann ganz schön anstrengend sein.

Schulkinder haben, ebenso wie Kleinkinder, noch große Lust zu toben und zu spielen. Sie haben Freunde, die sie aus dem Kindergarten kennen und solche, die sie in der Schule neu kennengelernt haben. Mit denen laufen, springen und klettern sie gern um die Wette. Schulkinder sind nämlich recht geschickt und können alles, was sie schon als Kleinkind konnten – nur schneller und besser.

Vater-Mutter-Kind spielen

Mit den Freunden spielen sie manchmal »erwachsen sein«. Ein Kind spielt die

Mutter, ein anderes den Vater, ein drittes das Kind. Oder eines spielt den Arzt, ein anderes den Patienten. Oder sie spielen Busfahren, Lehrer und Schüler, Zoobesuch oder Pilot. Am liebsten bleiben Schulkinder unter sich. Sie sind froh, wenn sie beim Spielen von Erwachsenen nicht gestört werden. Gerade, wenn sie selbst »Erwachsen sein« spielen.

Weil Kinder mit ihrem Körper jetzt schon ziemlich alles machen können, was sie wollen – springen, hüpfen, tanzen, turnen, klettern – lernen sie gern noch andere Dinge hinzu und erforschen, was um sie herum so los ist.

Oft will ein Mädchen ganz genau wissen, wie ein Junge aussieht. Und der Junge interessiert sich auch für den Unterschied zwischen ihm und dem Mädchen. Dann ziehen sich die beiden aus und sehen sich ganz genau an und vergleichen ihre Körper. Aber nur, wenn beide das wollen. Hast Du das auch schon mit einem Freund oder einer Freundin gemacht? Vielleicht schon, als Du noch im Kindergarten warst? Vielleicht habt Ihr auch richtig »Mutter und Vater« gespielt und miteinander geschmust oder Euch aufeinandergelegt oder Euch gegenseitig gestreichelt. Das war sicher schön und spaßig zugleich.

Was mit Teenagern los ist

Zwischen dem zehnten und zwölften Lebensjahr beginnt sich bei Jungen und Mädchen der Körper sehr zu verändern. Bisher ist ein Kind immer nur größer geworden, hat längere Arme und Beine bekommen, einen größeren Kopf, und es ist mit seinem Körper geschickter geworden. Es hat radfahren gelernt oder Schlittschuh laufen, vielleicht auch Ski laufen, sehr wahrscheinlich schwimmen.
Doch nun passiert etwas ganz Eigenartiges: Bei Mädchen wird der Busen langsam größer und runder. Jungen bekommen eine tiefere Stimme, und eine Weile lang hört es sich beim Sprechen an, als wären sie heiser. Auch ihr Penis und die Hoden werden größer. Außerdem sprießen bei beiden Haare unter den Achseln und unterhalb vom Bauch, da, wo bei Jungen der Penis und bei Mädchen die Vulva beginnt. Jungen bekommen außerdem einen leichten Haarflaum auf der Oberlippe – der Anfang von einem Bart. Das alles geht nicht von heute auf morgen. Es beginnt ganz langsam, fast unmerklich. Die Zeit, in der sich Jungen und Mädchen verändern, heißt Pubertät. Sie dauert ungefähr bis zum 14. oder 16. Lebensjahr. Danach ist der Körper so wie der von Erwachsenen.

Jungen und Mädchen sind keine Kinder mehr, sie sind aber auch noch nicht erwachsen. Man nennt sie Jugendliche oder Teenager (das Wort kommt aus der englischen Sprache von »ten«= zehn und »age«= Alter). Verantwortlich für diese Veränderungen sind bestimmte Stoffe, die der Körper bildet und die dafür sorgen, daß ein Mensch wächst und sich entwickelt. Diese Stoffe werden Hormone genannt.

Wie verändern sich die Mädchen?

Der Körper verändert sich nicht nur äußerlich. Auch innen passiert einiges: Bei Mädchen erwachen die Eierstöcke, die bisher ge-schlafen haben. Eizellen reifen, und in der Gebärmutter, die auch ein klein wenig wächst, bildet sich ein Schleimhautbett, das nach einem Monat wieder ausgestoßen wird. Wenn diese Schleimhaut ausgestoßen wird, kommt gleichzeitig Blut aus der Scheide. Das ist nicht gefährlich. Das Mädchen hat seine Periode bekommen, sie wird auch Regel, »die Tage« oder Menstruation genannt. Die hat das Mädchen nun jeden Monat einmal, so lange bis es als erwachsene Frau ein Baby bekommt. Nach der Geburt kommt die Regel dann wieder.

Wie verändern sich die Jungen?

Bei Jungen nehmen die Hoden ihre Arbeit auf. Sie produzieren jetzt Samenzellen und eine Flüssigkeit, in der diese Zellen aus dem Penis geschleudert werden, wenn Mann und Frau sich sexuell lieben. Manchmal wird jetzt – besonders nachts – der Penis des Jungen steif, und es kann auch mal passieren, daß Flüssigkeit herauskommt. Das ist ganz normal und kein Grund zur Sorge.

Auch das Mädchen kann in seiner Scheide ein feuchtes Gefühl bekommen und ein angenehmes Kribbeln spüren, besonders, wenn es mit den Händen hinfaßt. Doch sehen kann man nichts.

Jungen und Mädchen könnten jetzt schon ein Kind zeugen und Eltern werden. Doch das wollen sie noch nicht, denn sie sind ja meist noch in der Schule und möchten einen Beruf lernen. Außerdem sind sie ein wenig selbst noch Kinder.

Ungefähr mit 18 oder 20 Jahren sind Jungen und Mädchen erwachsene Männer und Frauen.

Mutter und Vater sind Vorbilder

Kinder lernen aus Erfahrungen. Sie lernen auch, was sie hören, was ihnen erklärt wird. In einem besonders großen Ausmaß aber lernen Kinder von Vorbildern. Mutter und Vater sind die ersten, lange Zeit die einzigen und auf jeden Fall die bedeutendsten Vorbilder für ein Kind. Sein Bestreben, so zu werden wie die Eltern und all das zu können, was diese beherrschen, ist eine der stärksten Antriebsfedern für seine Entwicklung. Jedes Kind hat feine Antennen und eine genaue Beobachtungsgabe.

* Es spürt und speichert alle Verhaltensweisen seiner Eltern. Für Mütter und Väter leicht zu erkennen, wenn das Kind Flüche oder Schimpfwörter wiederholt, die einem Erwachsenen in seiner Gegenwart herausgerutscht sind. Oder wenn es im Rollenspiel als Mutter oder Vater ständig schimpft, jammert oder autoritär bestimmt.

* Ein Kind nimmt auch sehr deutlich wahr, ob die Eltern zärtlich miteinander umgehen. Ob sie sich berühren, umarmen, auch mal küssen.

* Es spürt, wenn Unstimmigkeiten zwischen den Erwachsenen herrschen, wenn diese eine körperfeindliche Einstellung haben, wenn sie eher distanziert miteinander umgehen, wenig liebevoll und schon gar nicht zärtlich sind. Und es nimmt sich dieses Verhalten ebenso zum Vorbild, wie wenn zwischen den Eltern eine freundliche, lustvolle, offene Atmosphäre herrschte, in der auch Körperkontakt selbstverständlich ist.

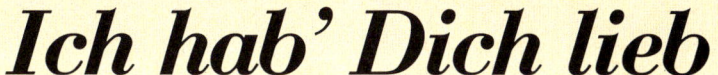

Ich hab' Dich lieb

Jeder Mensch möchte, daß ihn
jemand lieb hat.
Und alle Menschen wünschen
sich jemanden, den sie
lieb haben können.

*L*ieb haben und lieb gehabt werden sind sehr schöne Gefühle. Doch wenn man genau beschreiben soll, was damit eigentlich gemeint ist, was alles dazugehört, ist das gar nicht so einfach.

Wer hat wen lieb?

Sehen wir uns doch einmal an, wer wen alles lieb hat, dann kommen wir dem Liebhaben sicher schneller auf die Spur.

Wen hast Du denn lieb? Sicher Deine Mutter und Deinen Vater, Oma und Opa. Wahrscheinlich hast Du auch einen Lieblingsteddy, den Du lieb hast oder eine Puppe oder ein anderes Schmusetier. Vielleicht habt Ihr auch ein Tier – einen Vogel, einen Hund, eine Katze oder ein Meerschweinchen. Und ganz bestimmt hast Du auch das Tier lieb.

Brüder haben meistens ihre Schwestern lieb und Schwestern meistens ihre Brüder. Eltern lieben ihr Baby, und sie haben auch ihre großen Kinder lieb. Sogar, wenn diese Kinder schon selbst erwachsen sind, werden sie von den Eltern noch geliebt.

Deine beste Freundin und Deinen besten Freund hast Du lieb – und diese haben auch Dich lieb.

Deine Mutter hat Deinen Vater lieb, und er liebt auch sie. Für alle Menschen, Kinder und Erwachsene ist es ganz wichtig, daß sie von jemand lieb gehabt werden. Wer niemand hat, der ihn liebt oder den er lieb haben kann, ist einsam und traurig.

Alle Lebewesen, auch Tiere, brauchen jemand zum Liebhaben. Manche Tiere brauchen Menschen, manche brauchen andere Tiere dazu. Vielleicht hast Du schon mal im Zoo die Affen beobachtet, wenn diese sich umarmen, sich gegenseitig das Fell putzen, wenn sie ihre Kinder streicheln oder Affenmütter ihren Babys die Brust geben. Auch bei anderen Tieren kann man sehen, ob sie sich mögen. Zum Beispiel Hunde, die sich auf einer Wiese treffen und lustig miteinander herumtollen, mögen sich. Tun sie das nicht, knurren sie oder beißen sich sogar. Am schönsten läßt sich die Liebe zwischen Tieren bei Muttertieren beobachten, wenn sie Junge haben. Hast Du das schon einmal gesehen?

Wer hat wen sonst noch lieb? Fällt Dir noch etwas ein?

**Was
Liebhaben
bedeutet**

Was denkst Du gehört alles
zum Liebhaben? Streicheln
natürlich, freundlich zueinan-
der sein, miteinander ku-
scheln, spielen und schmusen.
Aber das ist nur ein Teil davon. Denn richtig liebhaben ist
viel mehr als nett miteinander
umgehen oder zusammen
Spaß haben.

Versorgen gehört zum Liebhaben.

Was tun zum Beispiel Mutter und Vater für ihre Kinder? Sie kochen und kaufen Kleidung. Sie trösten, wenn sich das Kind wehgetan hat. Sie gehen zum Spielplatz, bringen das Kind zum Kindergarten und holen es wieder ab. Sie schauen die Hausaufgaben an und üben Rechnen, Lesen oder Schreiben mit ihrem Kind. Sie gehen mit ihrem Kind zum Arzt, wenn es krank ist, messen ihm Fieber, machen Wadenwickel und geben die Medizin. Eltern versorgen ihre Kinder, weil sie sie lieb haben.

Sorgst Du auch für jemanden? Vielleicht für ein Haustier? Du gibst ihm Futter, machst seinen Stall oder Käfig sauber, führst es spazieren, wenn es ein Hund ist. Du hast Dein Tier lieb, deshalb gibst Du ihm, was es braucht.

Auch Beschützen gehört zum Liebhaben

Eine große Schwester, die auf ihren kleinen Bruder achtgibt, damit ihm nichts passiert, tut das sicher auch, weil sie ihn lieb hat.

Ein guter Freund hilft Dir, wenn Du von Rabauken angegriffen wirst. Eltern beschützen ihre Kinder, wenn diese sich vor etwas fürchten, oder wenn es irgendwo gefährlich wird. Manchmal müssen Mutter oder Vater dem Kind etwas verbieten, um es zu beschützen, zum Beispiel auf die Straße zu laufen oder auf eine hohe Mauer zu steigen oder mit einem scharfen Messer zu spielen. Oft ist das Kind dann wütend und denkt, die Eltern hätten es nicht lieb. Doch genau das Gegenteil ist der Fall: Eltern wollen ihr Kind vor Verletzungen und Gefahren schützen, sie verbieten, weil sie es lieb haben. Hast Du auch schon mal jemand beschützt? Es gibt noch vieles, was zum Liebhaben gehört. Zum Beispiel, dem anderen helfen. Oder ihm zuhören, wenn er etwas erzählen will oder wenn er Kummer hat, den er loswerden möchte.

Rücksicht nehmen ist auch ein Teil vom Liebhaben

Ein Beispiel: Die Eltern mögen am Sonntag gern etwas länger schlafen. Während der Woche müssen sie nämlich immer sehr früh aufstehen, um zu arbeiten. Rücksicht ist, wenn die Kinder dann freiwillig besonders leise sind, um sie nicht zu stören. Diese Rücksicht nehmen sie, weil sie Mama und Papa lieb haben. Wenn Dein Freund oder Deine Freundin, Dein Bruder oder Deine Schwester Schokolade oder andere Schätze mit Dir teilt, dann tut er oder sie das, weil er/sie Dich lieb hat. Wenn Du ein anderes Kind mit Deinen Spielsachen spielen läßt, weil es selbst nicht so etwas Hübsches hat oder weil es gerade von seinem Spielzeug nichts dabei hat, ist das eine Form von Liebhaben. Du siehst, Liebhaben ist sehr viel. Da gehört eine Menge dazu.

Ganz wichtig sind Entschuldigen und Verzeihen

Was passiert, wenn Du etwas getan hast, was andere ärgert, zornig oder traurig macht? Wer Dich lieb hat, verzeiht Dir und hat Dich auch weiterhin lieb. Deine Mutter oder Dein Vater werden zwar ein bißchen schimpfen. Sie werden Dir wahrscheinlich auch sagen, daß sie jetzt wütend sind. Aber sie werden Dich trotzdem mögen, Dir verzeihen und bald wieder nett mit Dir sein.

Und was tust Du? Entschuldigst Du Dich? Ganz sicher, wenn Du den anderen magst. Du wirst auch anderen verzeihen, wenn sie Dich geärgert haben. Denn schließlich hast Du sie ja lieb.

Alles zusammen und wenn man es freiwillig tut, ist Liebhaben.

Wie das Erzählen einfacher wird

Es gibt kein Patentrezept, wie Eltern mit ihren Kindern über Sexualität reden sollen, keine vorgefertigten Sätze, die in allen Familien passen würden.

Was falsch ist:

* Die kühl distanzierte und sterile medizinische Fachsprache eignet sich nicht für eine Unterhaltung, wenngleich Kinder die exakten Bezeichnungen für die Geschlechtsorgane durchaus erfahren sollen.

* Ebenso wenig sollten Kinder mit der brutalen, ordinären, häufig abwertenden Gossen-Sex-Sprache konfrontiert werden. Das schafft eine große Distanz und das Kind verliert den Bezug zu seiner eigenen Sexualität.

Was richtig ist:

* Der Ton, in dem Sie Ihrem Kind das Wetter erklären oder einen Wasserfall, die Verkehrsregeln oder die Notwendigkeit der Mithilfe im Haushalt – oder in dem Sie von früher oder von einem Urlaubsort erzählen.

* Einfache Erklärungen, die ein Kind seiner Entwicklung gemäß gerade versteht.

* Worte, die in der Familie üblich sind. Bezeichnungen und Ausdrücke, die geläufig sind. Sie kommen leichter, selbstverständlicher und ehrlicher über die Lippen.

* Geben Sie auch mal zu, wenn Ihnen etwas schwerfällt, nach dem Motto »weißt Du, als ich noch ein Kind war durfte darüber nicht gesprochen werden«.

* Erklärungen, in denen Sie selbst vorkommen, machen das Gespräch persönlicher. »Als Du in meinem Bauch warst...«, »bei mir war das so, als ich zum erstenmal die Periode bekam...«, »wenn Papa und ich miteinander schlafen...« und so weiter.

Vom Schmusen und Küssen

Woran merkt man, daß sich zwei besonders lieb haben? Sie wollen oft zusammen sein. Ganz nah.

Was tust Du, wenn Du jemand ganz besonders lieb hast? Vermutlich die Arme um seinen Hals legen und ihm oder ihr das ins Ohr flüstern. Oder ihm/ihr ein Küßchen auf die Wange geben. Oder bei Vater, Mutter, Oma oder Opa auf den Schoß steigen und den Kopf an die Brust legen. Oder morgens ins Bett der Eltern kriechen und Dich an ihre warmen Körper kuscheln.

Zum Schönsten am Liebhaben gehört Schmusen
Schmusen kann man auf viele Arten. Weißt Du noch welche? Hier sind noch ein paar: Die Nase an der Nase des anderen reiben. Dem anderen sanft über den Kopf

streicheln. Ein Küßchen auf die Wange geben. Den anderen in den Arm nehmen und fest drücken – aber nicht zu fest, sonst tut es weh. Die Hand des anderen festhalten. Seinen Rücken massieren. Mit den Fingern über seinen Bauch krabbeln. Arm in Arm gehen. Po oder Bauch aneinanderreiben. Sich ganz dicht nebeneinander legen.

Alle Menschen und auch viele Tiere schmusen miteinander, wenn sie sich zeigen wollen, daß sie sich lieb haben. Das hast Du sicher schon oft beobachtet: Mütter und Väter mit ihren Babys und größeren Kindern. Schwestern mit ihren Brüdern. Aber nur manchmal, denn oft haben sie auch Streit miteinander. Männer mit Frauen. Kinder mit ihren Freundinnen und Freunden. Omas und Opas mit ihren Enkelkindern.

Sag nein, wenn Du nicht schmusen willst

Richtig schön ist Schmusen natürlich nur dann, wenn beide das wollen. Sicher hast Du auch schon mal erlebt, daß Du keine Lust zum Streicheln, Knuffen, Krabbeln oder Kuscheln hattest. Aber Deine Mutter oder Deine Freundin wollten mit Dir schmusen, wollten Dir gerade jetzt zeigen, wie lieb sie Dich haben.

Wenn Du dann sagst, »nein, ich mag nicht« oder »laß das jetzt«, kann es passieren, daß der andere ein bißchen gekränkt oder beleidigt ist. Das wird Dir wahrscheinlich auch so gehen, wenn Du schmusen willst, aber der andere nicht. Trotzdem sollte jeder nur dann schmusen, wenn er wirklich Lust dazu hat. Keine Lust auf Berührung heißt ja noch lange nicht, daß man den anderen nicht mehr lieb hat oder daß man selbst nicht mehr gemocht wird.

Aber jeder Mensch hat das Recht, nein zu sagen. Jeder – auch ein Kind – darf über seinen Körper selbst bestimmen. Es gehört zum Liebhaben dazu, daß man das gegenseitig okay findet.

Wer das nicht einsehen kann, hat den anderen wahrscheinlich nicht wirklich lieb, sondern möchte vor allem das tun, was ihm allein Spaß macht – ohne Rücksicht darauf, was der andere will. Rücksicht zu nehmen gehört aber ebenso zum Liebhaben wie Schmusen.

Einfach toll: das Küssen

Ein Kuß ist auch eine ganz besondere Geste. Darüber wollen wir extra reden. Es gibt viele verschiedene Küsse, und Küssen hat auch ganz unterschiedliche Namen. Ein zarter leichter Kuß, zum Beispiel auf die

Wange oder auf den Mund, heißt bei manchen Menschen Bussi, Schmatz, Busserl, Schmätzchen. Wie heißt er bei Dir?

Küssen bedeutet nicht überall Liebhaben: Es gibt Länder, da küssen sich alle Menschen zur Begrüßung. Männer und Männer, Männer und Frauen, Frauen und Frauen. In manchen Ländern küssen sie sich dabei links und rechts auf die Wange, in anderen küssen sie sich auf den Mund und auf die Wangen. Das tun alle, auch wenn sie sich gar nicht kennen. Egal, ob sie sich mögen oder nicht.

Bei uns gehört Küssen aber zum Liebhaben.

Mit kleinen zarten Küßchen auf Wangen, Mund, Nase, Hals, Bauch zeigen Mütter und Väter ihrem Baby und ihrem größeren Kind, wie lieb sie es haben. Kinder untereinander geben sich solche Küßchen, wenn sie sich mögen und gerne zusammen sind.

Männer und Frauen küssen sich, wenn sie ineinander verliebt sind oder sich sehr gern haben. Das hast Du sicher schon mal gesehen.

Das ganz große Küssen

es gibt noch einen anderen Kuß – den ganz großen, wenn ein Mann und eine Frau sich sehr lieben. Manche nennen ihn Zungenkuß, weil sich dabei nicht nur die Lippen berühren, sondern die beiden auch noch mit ihrer Zunge aneinanderstoßen.

Manchmal probieren Kinder das untereinander auch aus, wenn sie es bei Mutter und Vater oder bei anderen erwachsenen Liebespaaren gesehen haben. Vielleicht hast Du das ja auch schon mal mit einer Freundin oder einem Freund probiert. Die meisten finden es nicht so toll oder irgendwie komisch. Das ist auch in Ordnung. Sind sie mal erwachsen und in jemand verliebt, gefällt es ihnen viel besser. Bis dahin geben sie sich deshalb auch nur sanfte Küßchen.

Verliebte wollen so nah wie möglich beieinander sein. Einer will den Körper des anderen genau spüren – von oben bis unten. Deshalb berühren sich beim Küssen auch ihre Zungen.

Natürlich geben sich nicht alle Erwachsenen einen Zungenkuß. Auch wenn sie sich gern haben, wie beispielsweise gute Freunde, erwachsene Geschwister oder erwachsene Kinder und ihre Eltern, tauschen sie normalerweise nur sanfte, kleine Küßchen aus. Der ganz große, der Zungenkuß, ist für Liebespaare reserviert.

Vom Streicheln und Lieben

enn zwei sich gern haben, möchten sie am liebsten die ganze Zeit zusammen sein und alles zusammen machen. Das ist bei Kindern so, bei Jugendlichen und bei Erwachsenen.

Sicher hast Du auch eine Freundin oder einen Freund, mit dem oder der Du gern zusammen bist – nicht nur im Kindergarten oder in der Schule, auch daheim. Ihr spielt zusammen, Ihr übernachtet beieinander, Ihr macht vielleicht eure Hausaufgaben gemeinsam, wenn Ihr schon zur Schule geht. Und am liebsten wollt Ihr auch in den Ferien oder im Urlaub zusammensein. Haben Deine Eltern schon einmal erlaubt, daß ein Freund, eine Freundin von Dir mit in Urlaub fährt? Oder bist Du schon mal mit einem Freund, einer Freundin und deren Familie in Urlaub gewesen? Das ist dann besonders schön, weil man den ganzen Tag und in der Nacht zusammensein kann.

Wenn Verliebte miteinander schmusen

Wenn große Jungen und Mädchen, Mann und Frau ineinander verliebt sind, wollen sie noch mehr, als nur eine Menge zusammen machen. Sie wollen sich küssen. Und sie wollen sich streicheln. Am ganzen Körper – im Gesicht, am Hals, an der Brust, am Bauch, am Po, an Armen und Beinen und an den Geschlechtsteilen. Streicheln und gestreichelt werden ist ein sehr schönes Gefühl im ganzen Körper, und am Penis oder an der Vulva kribbelt es besonders intensiv.

Verliebte wollen dicht beieinander liegen und sich spüren. Bauch an Bauch, Brust an Brust, Seite an Seite, Bein an Bein. Nur so, einfach weil es schön ist.

Wenn der Penis gestreichelt wird, wächst er und wird hart. Das ist auch schon bei kleinen Jungen so. Die Vulva kribbelt bei Mädchen und Frauen angenehm beim Streicheln – bei älteren Mädchen und erwachsenen Frauen wird auch die Scheide ein bißchen weiter und innen feucht.

Der Mann kann jetzt seinen Penis in die Vagina der Frau stecken. Haben sich Verliebte eine Weile gestreichelt und geküßt, passiert das fast ganz von allein. Das ist

ein besonders schönes Gefühl für beide. Was sie jetzt tun, nennt man Geschlechtsverkehr, »Liebe machen« oder »miteinander schlafen« – obwohl die beiden natürlich überhaupt nicht schlafen, sondern ganz wach sind.

Manche Leute sagen auch vögeln, pimpern, ficken, bumsen dazu. Diese Wörter finden aber nicht alle Menschen schön.

Wie geht »Liebe machen«?

Kinder können noch keinen Geschlechtsverkehr haben, denn der Penis des Jungen wird nur manchmal steif und nicht so lang. Die Scheide des Mädchens ist auch noch nicht ausgewachsen. Es würde ihr weh tun, wenn man etwas hineinsteckte. Doch streicheln können auch Kinder ihre Geschlechtsorgane schon – und angenehme Gefühle dabei haben. Das dürfen sie auch, es ist nichts Schlimmes oder Schlechtes dabei, auch wenn manche Erwachsene das behaupten.

Beim Geschlechtsverkehr liegen die beiden nicht nur ruhig da. Sie toben und wackeln, kichern und stöhnen, manchmal schreien sie sogar ein wenig. Das sieht ziemlich komisch aus. Deshalb sind Verliebte dabei auch am liebsten allein und ungestört.

Nach einer Weile, in der die beiden so zusammen waren und der Penis des Mannes in der Scheide der Frau hin- und hergerutscht ist, haben beide ein besonders starkes Gefühl. Es kribbelt am ganzen Körper und besonders in den Geschlechtsorganen. Alles zieht sich zusammen und die Muskeln zucken ein wenig. Beim Mann kommt vorne aus dem Penis eine Flüssigkeit heraus. Da sind Samenzellen drin, aus denen ein Baby entstehen kann. Den Vorgang, wenn die Flüssigkeit aus dem Penis kommt, nennt man Ejakulation – ein schwieriges Wort!

Was ist ein Orgasmus?

Das Ganze, mit den tollen Gefühlen, heißt bei Mann und Frau Orgasmus. Einen Orgasmus kann man auch bekommen, wenn man selbst seine Geschlechtsorgane streichelt, oder wenn sie der andere streichelt.

Natürlich gilt fürs Streicheln und Lieben dasselbe wie fürs Schmusen: Zu zweit macht es nur dann wirklich Spaß, wenn beide das wollen. Männer und Frauen, Jungen und Mädchen haben nicht immer Spaß am Streicheln, Küssen und Schmusen. Auch am Geschlechtsverkehr nicht. Manchmal hat man einfach keine Lust dazu. Dann sollte man es nicht tun und sich auch nicht gefallen lassen.

Wenn Streicheln keine Liebe ist

Leider gibt es Erwachsene, die mit Kindern lieb tun, es aber gar nicht so lieb meinen. Sie wollen mit dem Kind ganz bestimmte Sachen machen, die es gar nicht will. Sie stellen es oft ganz schlau an, daß es mitmacht: machen dem Kind Geschenke, versprechen ihm Dinge oder drohen ihm eine Strafe an.

Was sind das für Männer?

Oft fängt alles ganz harmlos an: Ein Freund der Eltern, ein Onkel, ein älterer Junge aus der Nachbarschaft, manchmal sogar der Vater – Leute also, die man eigentlich gern hat, albern mit dem Kind herum. Sie kitzeln, toben, kuscheln manchmal erst recht lustig mit dem Kind, so daß es gar nichts dabei findet.

Was will ein solcher Mann?

Er will das Kind berühren, greift ihm zwischen die Beine. Manchmal will er auch, daß das Kind seinen Penis anfaßt. Er tut so, als merkte er nicht, daß das Kind nicht schmusen mag. Er nimmt sich einfach einen Kuß oder gibt dem Kind einen Zungenkuß, obwohl das Kind es nicht mag. Er will, daß das Kind den großen Männerpenis anfaßt oder gar in den Mund nimmt. Manchmal versucht er sogar, den Penis in die Scheide eines kleinen Mädchens oder in den Po eines kleinen Jungen zu stecken. Das tut dem Kind sehr weh. Auch wenn der Erwachsene etwas tut, das dem Kind nicht richtig weh tut – auf jeden Fall wird es erschrekken, vielleicht schämt es sich auch oder bekommt Angst.

Das Geheimnis?

Meistens sagen diese Erwachsenen auch »es ist unser kleines Geheimnis«. Sie verbieten dem Kind, jemandem zu erzählen, was sie mit ihm gemacht haben, weil sonst etwas Schlimmes passieren wird. Solche Geheimnisse sind nicht in Ordnung. Du darfst und mußt darüber sprechen.

Was kannst Du tun?

Wenn ein fremder oder bekannter Erwachsener etwas von Dir will, was Dir komisch vorkommt, mußt Du wissen: Niemand darf von Dir verlangen, daß Du etwas tust, was Du nicht willst.

Du darfst das auch weitererzählen. Du mußt es sogar erzählen, damit ein anderer, ein wirklich lieber Erwachsener, Dir helfen und Dich beschützen kann. Allein kann sich ein Kind nur schwer gegen solche bösen Erwachsenen wehren. Sprich mit Deiner Mutter oder Deinem Vater darüber. Auch der Erzieherin im Kindergarten oder Hort oder auch der Lehrerin/dem Lehrer in der Schule kannst Du es erzählen. Sie werden Dir sicher helfen.

Bei Fremden solltest Du auf jeden Fall mißtrauisch sein, wenn sie Dich einfach ansprechen und mit Dir allein in ihre Wohnung gehen wollen, Dich im Auto mitnehmen wollen, Dich in einen Park oder sonstwohin führen wollen. Sag immer nein, wenn ein fremder oder auch ein bekannter Erwachsener etwas von Dir will, das Dir komisch vorkommt. In eine fremde Wohnung solltest Du ohne einen Erwachsenen, dem Du vertrauen kannst, überhaupt nicht mitkommen, egal, was er Dir versprochen hat. Geh auch möglichst nicht allein auf den Spielplatz oder sonstwohin. Solange Du mit anderen Kindern zusammen bist, trauen sich Erwachsene mit üblen Absichten nicht so leicht an Euch heran.

Aus Sexualität kein Geheimnis machen

Eltern, die das Thema Sexualität nicht aus dem All-tag ausklammern, erleichtern sich und ihren Kindern den Umgang damit erheblich. Doch ebenso wichtig wie große Offenheit ist Intimität. So sollten Eltern bei ihren Kindern den Wunsch nach Allein-sein-Wollen respektieren. Und schon kleinen Kindern kann man die Einsicht zumuten, daß Mutter und Vater auch mal ihre Ruhe brauchen.

Je offener und vertrauensvoller die Atmosphäre in der Familie ist, desto leichter werden Kinder dies auch einsehen. Offen heißt in diesem Zusammenhang, daß Eltern vor den Kindern auch zärtlich miteinander umgehen. Daß sie sich gegenseitig streicheln und küssen, wenn die Kinder zusehen.

Sexualität in ihrer zärtlichen, liebevollen Form gehört zum Alltag in der Familie (sie ist schließlich viel mehr als der pure Geschlechtsverkehr). Das zeigt einem Kind, wie schön, lustvoll und selbstverständlich sie ist. Ebenso schön und lustvoll wie Essen und Trinken, wie Lachen, miteinander Spaß haben und lustige Dinge tun.

Der Schleier des Geheimnisvollen kann auf ein Kind sehr beunruhigend wirken. Bekommt es zufällig einmal den Geschlechtsakt mit, vermutet es in einer solchen Situation eher Gewalt als Lust zwischen Mutter und Vater.

Die Gefahr: Sexualität macht dem Kind Angst. Das läßt sich nachträglich durch erklärende Gespräche nur schwer wieder ausbügeln.

Wie man Kinder schützen kann

Die stärkste Waffe gegen sexuellen Mißbrauch von Kindern ist eine offene, vertrauensvolle Erziehung und Aufklärung. Kinder müssen einerseits über sexuelle Dinge Bescheid wissen, andererseits das Gefühl haben, für alle Sorgen und Ängste ein offenes Ohr in der Familie zu finden. Das bedeutet:

* Das Kind muß seine Grenzen selbst bestimmen dürfen. Das fängt schon ganz früh an, beispielsweise, wenn eine Tante, die Oma, der Vater, aber auch die Mutter das Kind küssen möchten, muß es nein sagen dürfen.

* Blinder Gehorsam macht Kinder leichter zu Opfern. Sie trauen sich nicht, sich gegen Erwachsene zu wehren. Selbstbewußtsein und Widerstand sollten also Vorrang haben vor artig und brav sein – auch den Eltern gegenüber.

* Achten Sie darauf, daß Ihr Kind möglichst nicht allein unterwegs ist. Es sollte mit Freunden zusammen gehen.

* Achten Sie darauf, daß Ihr Kind Wege geht, auf denen viele Menschen unterwegs sind, Geschäfte etc. liegen, in die es notfalls flüchten kann.

* Zeigt das Kind Symptome, wie plötzlich auffallende Verhaltensänderungen oder Verletzungen, möglichst ruhig reagieren und sanft mit ihm sprechen und von fachlicher Seite Hilfe und Unterstützung holen (Adressen siehe Seite 121).

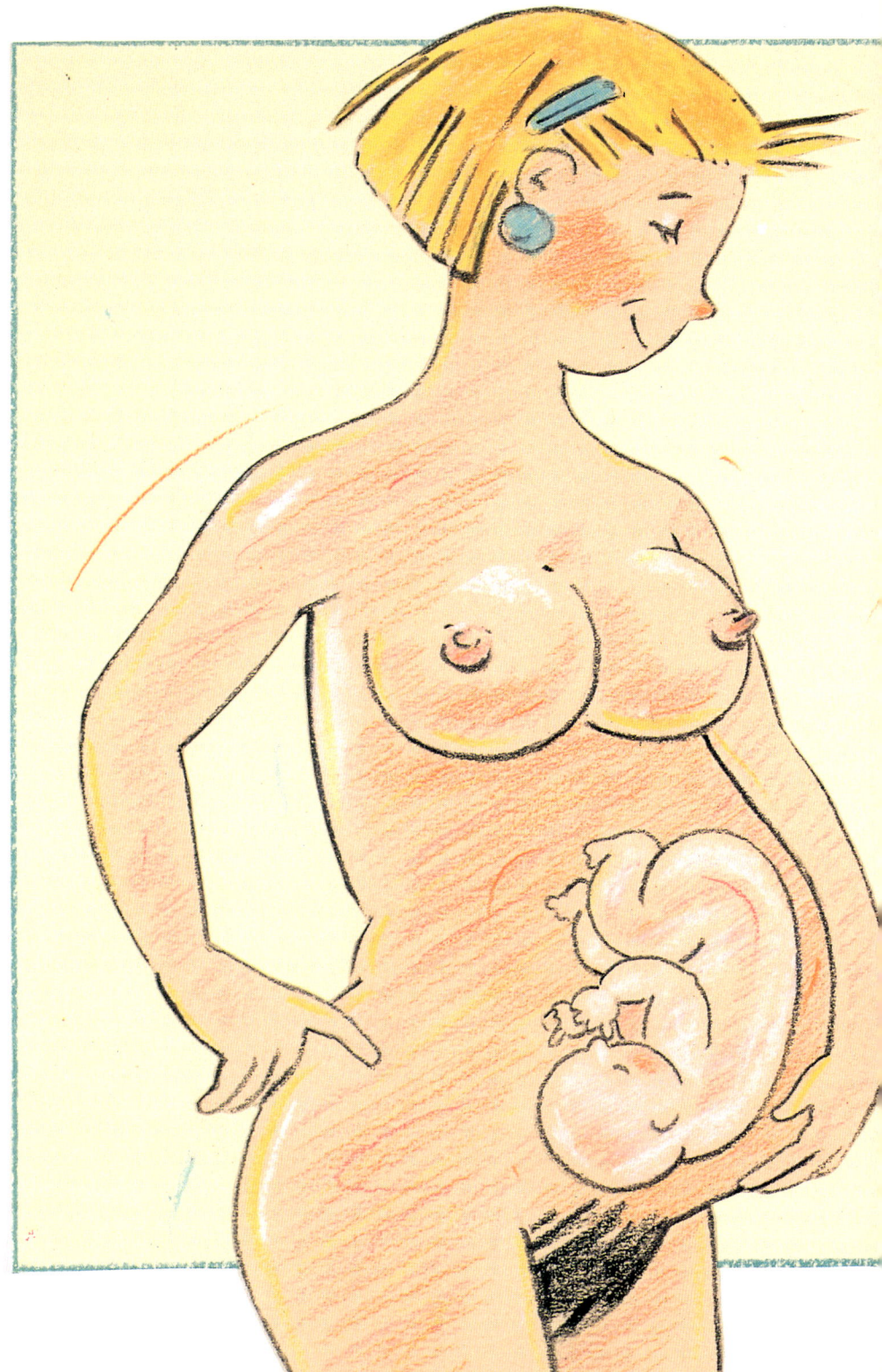

Wie ein Baby entsteht

Es ist wie ein Wunder, wenn aus der winzigen Eizelle der Frau und einer noch kleineren Samenzelle des Mannes ein neuer Mensch entsteht und im Bauch der Mutter wächst.

Wenn eine Frau und ein Mann sich lieben, wollen sie oft auch ein Baby zusammen haben. So wie Deine Mutter und Dein Vater, als sie sich Dich gewünscht haben.

Ein Baby kann entstehen, wenn Mann und Frau miteinander schlafen. Natürlich passiert das nicht jedesmal. Nur einmal im Monat reift im Bauch der Frau eine Eizelle. Schlafen die beiden miteinander, und es ist gerade keine Eizelle reif, entsteht kein Baby. Wünschen sie sich noch kein Baby, weil sie noch zu jung oder nicht sicher sind, ob sie für immer zusammenbleiben wollen, können sie auch verhindern, daß ein Baby ensteht.

Was ist ein Kondom?

Entweder sie schlafen nur dann miteinander, wenn keine Eizelle reif ist, oder der Mann zieht vor dem Geschlechtsver- 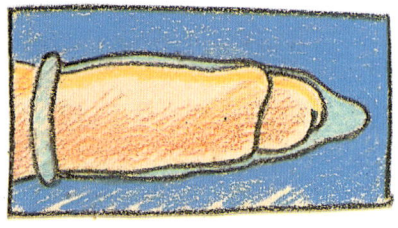 kehr eine dünne Gummihülle über seinen Penis (sie heißt Kondom). Dann gelangen keine Samenzellen in die Scheide der Frau.

Es gibt auch Pillen, von denen die Frau jeden Tag eine einnehmen muß und die verhindern, daß überhaupt eine Eizelle reift. Dann entsteht ebenfalls kein Baby.

Wenn Ei- und Samenzelle verschmelzen

doch nun wollen wir wissen, was passiert, wenn Mann und Frau sich ein Baby wünschen. Das ist etwas Wunderbares und beinahe Geheimnisvolles. Von den vielen Tausend winzig kleinen Samenzellen, die in der Samenflüssigkeit des Mannes enthalten sind – sie werden übrigens in seinen Hoden hergestellt –, kann eine einzige in die reife Eizelle der Frau eindringen.

Die erste Zelle

Aus Samenzelle des Mannes und Eizelle der Frau bildet sich eine Zelle – und damit beginnt ein neues Leben. Man nennt diesen Moment Befruchtung. In die-

ser ersten Zelle eines neuen Menschen sind bereits alle Eigenschaften des späteren Menschen enthalten. Jetzt steht bereits fest, ob es ein Mädchen oder ein Junge wird, welche Haar- und Augenfarbe es bekommen wird, welche Form die Ohren haben werden und so weiter.

Weil die erste Zelle des Babys aus zwei anderen Zellen entstanden ist, nämlich der Samenzelle des Vaters und der Eizelle der Mutter, bekommt das Baby Eigenschaften von beiden Eltern. Allerdings weiß vorher niemand so genau, wie sich diese Eigenschaften verteilen.

Möglich, daß das Baby die gleiche Haarfarbe bekommt, die auch seine Mutter hat. Vielleicht erhält es aber auch die Locken vom Vater. Ist das Baby erstmal geboren, werden sich Omas und Opas, Tanten, Nachbarinnen und die Eltern selbst oft darüber unterhalten, wem es nun ähnlich sieht.

Das hast Du vielleicht auch schon mitbekommen, wenn es dann heißt »die Nase ist ganz vom Papa«, oder »sieh nur, das Kleine hat Augen wie seine Mutter«. Doch das ist alles erst viel, viel später zu sehen.

Wie geht es nun weiter mit der ersten Zelle? Wann wird ein Baby daraus?

Samen- und Eizelle haben sich nun getroffen. Die gemeinsame Babyzelle, die daraus entstanden ist, braucht jetzt einen Platz, an dem sie wachsen kann. Sie wandert durch den Eileiter der Frau zur Gebärmutter. Du weißt schon, das ist die Höhle im Bauch einer Frau, die nur dazu da ist, daß ein Baby in ihr wachsen kann. Die Eileiter – jede Frau hat zwei davon – muß man sich als ganz dünne, biegsame Röhrchen vorstellen, durch die diese Babyzelle sanft in Richtung Gebärmutter rutscht.

In der Gebärmutter

Auf dem Weg dorthin teilt sich die Zelle immer weiter. Es werden zwei Zellen daraus, dann vier, dann acht, dann sechzehn und so weiter, bis eine kleine Kugel daraus geworden ist. Bald ist sie in der Gebärmutter angekommen. Dort nistet sie sich ein, sie macht es sich gemütlich wie in einem warmen, weichen Bett – und kann nun weiterwachsen, gut geschützt und gepolstert. Wenn der Bauch der Mutter durchsichtig wäre, könnte man schon bald sehen, daß daraus wirklich ein kleiner Mensch wird.

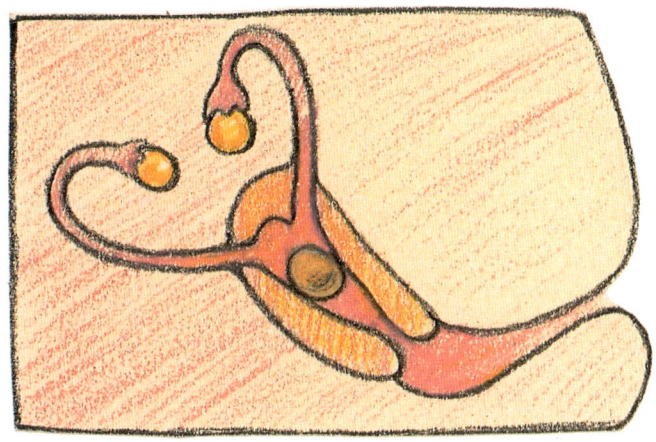

Kinder wollen nicht alles auf einmal wissen

Wenn ein Kind fragt, warum es regnet oder wie eine bestimmte Blume heißt oder wohin der Fluß fließt oder wo der Regenbogen seinen Anfang nimmt, kommen Sie sicher nicht auf die Idee, ihm jedesmal einen wissenschaftlichen Vortrag zu halten und stundenlange Erklärungen abzugeben. Sie antworten ganz einfach und direkt auf die gestellte Frage. Manchmal warten Sie die Frage auch gar nicht ab, sondern machen Ihr Kind von sich aus auf etwas aufmerksam. Schließlich soll es dazulernen. Genauso ist es bei der Aufklärung – oder sollte es sein. Kinder wollen nie alles auf einmal wissen. Auch in Sachen Sex nicht. Deshalb reicht es völlig, wenn Sie

* Ihrem Kind nur die direkt gestellte Frage so einfach wie möglich beantworten. Will es mehr wissen, fragt es von sich aus weiter.

* in Ihren Worten, den Worten, die in der Familie üblich sind, mit dem Kind reden

* die Dinge so erklären, wie das Kind sie seinem Alter und seiner Entwicklung entsprechend begreifen kann.

* Ihr Kind »aufklären«, wenn es sich gerade ergibt. Ebenso, wie Sie ihm beiläufig erklären, warum Gemüse vor dem Kochen geputzt werden muß, können Sie (etwa beim Anblick einer schwangeren Frau) das Gespräch darauf bringen, wie ein Kind entsteht.

* Ihrem Kind Erklärungen und Gespräche anbieten, sie ihm aber nicht aufdrängen, wenn es gerade nicht darüber reden will.

Auch wenn's schwerfällt – ehrlich sein

In sexuellen Dingen neigen viele Eltern dazu, ihrem Kind gegenüber nicht ganz aufrichtig zu sein. Sie haben Bedenken, das Kind könnte die Antwort nicht verstehen oder nicht verkraften. Die Fragen sind ihnen womöglich peinlich. Sie wissen keine Antwort, wollen das aber nicht zugeben. Und dann greifen sie zu einer kleinen Geschichte, wie »die beiden haben zuviel geschmust und deshalb bekommt die Frau jetzt ein Baby«, oder »das ist wie bei den Bienen ...«, oder »ein Kondom ist etwas Ähnliches wie ein Luftballon. Damit spielen aber nur die Großen.« Sie hoffen, daß das Kind diese Ausflüchte wieder vergessen haben wird, bis »es soweit ist«.

Das ist schade. Denn Kinder wollen auch in ihrer sexuellen Entwicklung gefördert werden, wie in allen anderen Lebensbereichen. Sie vergessen auch keineswegs, wenn die Eltern ihnen etwas Falsches erzählt haben. Im Gegenteil: Erfahren sie später die Wahrheit, sind sie mindestens enttäuscht. Merkt ein Kind, daß die Eltern es belogen haben, kann sein Vertrauensverhältnis zu Mutter und Vater empfindlich gestört werden. Es weiß ja nicht, was sonst noch alles falsch war, was es weiterhin glauben kann und was nicht. Kinder sind so sehr auf ihre Eltern angewiesen, brauchen ihre Mütter und Väter so notwendig, um sich ein Bild von der Welt zu machen, sich darin zu orientieren, daß sie Unsicherheiten und Unzuverlässigkeiten von diesen wichtigen Personen zutiefst erschüttern können.

Wie Zwillinge entstehen

manchmal kann es passieren, daß im Eierstock der Frau zwei Eizellen gleichzeitig reif werden. Kommen zwei Samenzellen eines Mannes hinzu, entstehen zwei Babys. Sie heißen Zwillinge. Im Grunde entstehen die beiden genauso wie ein einzelnes Baby, nur eben doppelt. Es kann sein, daß beides Mädchen sind oder beides Jungen. Möglich ist aber auch, daß es ein Mädchen und ein Junge wird. Das sind dann zwei Geschwister, die genau gleich alt sind. Eine schöne Vorstellung. Möchtest Du auch gern einen Bruder oder eine Schwester haben, der/die genauso alt ist wie Du?
Zwillinge, die aus zwei befruchteten Eizellen entstanden sind, heißen übrigens zweieiige Zwillinge. Kennst Du auch Zwillinge?

Eineiige Zwillinge
Es gibt aber auch noch andere Zwillinge, allerdings viel seltener. Das sind die sogenannten eineiigen Zwillinge. Sie entstehen, wenn sich die erste Zelle ganz am Anfang teilt und die beiden neuen Zellen dann getrennt weiterwachsen.
Das ist ein Wunder, von dem die Menschen noch nicht wissen, wie und warum es geschieht.
Eineiige Zwillinge sind sich sehr ähnlich, denn sie haben die gleichen Eigenschaften von Mutter und Vater geerbt. Das Geschlecht der eineiigen Zwillinge ist

auf jeden Fall gleich. Außerdem sehen sie sich so ähnlich, daß man sie kaum auseinanderhalten kann. Und sie sind sich auch im Temperament sehr ähnlich, können zum Beispiel gleichzeitig zornig oder sanft, lustig oder traurig sein.

Manchmal entstehen auch Drillinge oder Vierlinge, meist aus drei oder vier befruchteten Eizellen. Doch das ist noch viel seltener. In den allermeisten Fällen entsteht nur ein einziges Baby, wenn Frau und Mann miteinander geschlafen haben und eine Samenzelle die Eizelle befruchtet hat.

Wie das Baby im Bauch der Mutter wächst

neun Monate wächst ein Baby im Bauch der Mutter. Neun Monate dauert es, bis aus der ersten Lebenszelle ein kleiner fertiger Mensch geworden ist, so stark, daß er auch außerhalb des schützenden Bauchs leben kann. Das ist solange wie vom Winter über den Sommer bis zum Herbst. Oder vom Herbst über den Winter bis zum nächsten Sommer.

Diese neun Monate heißen Schwangerschaft.

Das winzige Wesen wächst in der Gebärmutter, die im Lauf dieser neun Monate immer größer wird, damit das Baby darin bis zur Geburt gut Platz hat. Man sieht auch von außen, wie das Baby wächst, denn der Bauch der Mutter wird immer größer. Das tut nicht weh, weil Gebärmutter und Bauchmuskeln und die Haut sehr dehnbar sind – ungefähr so, wie wenn man einen Luftballon aufbläst.

In der Gebärmutter schwimmt das Baby im warmen Wasser, das Fruchtwasser genannt wird, weil ein Baby die »Frucht« von Menschen ist. Natürlich heißt das bei Menschen nicht Frucht, sondern Kind.

Was »ißt« das Baby?

Seine Nahrung bekommt das Baby über die Nabelschnur aus dem Blut der Mutter. Natürlich kann es noch nicht richtig essen, trinken oder atmen. Die Nabelschnur ist eigentlich keine Schnur, sondern mehr ein Schlauch, in dem Blut fließt. Er führt aus dem Nabel des Babys heraus an eine bestimmte Stelle in der Gebärmutter, die besonders dick ist und Mutterkuchen heißt, weil von dort das Blut mit der ganzen Nahrung fürs Ungeborene kommt.

Nach der Geburt braucht das Baby diesen Schlauch nicht mehr. Er wird durchtrennt, was nicht weh tut!, und der Rest fällt nach ein paar Tagen ab. Was übrigbleibt ist eine Narbe am Bauch – der Nabel. Kennst Du Deinen Nabel? Da war auch einmal eine Nabelschnur dran, mit der Du im Bauch Deiner Mutter mit ihr verbunden warst und ernährt worden bist.

Eine lustige Vorstellung, daß ein ungeborenes Baby seine Nahrung direkt in den Bauch bekommt.

Ungeborene entwickeln sich schnell und können schon bald eine Menge.

Sechs Wochen

Ungefähr sechs Wochen nach der Befruchtung haben sie schon ein winziges Herz, das schlägt. Der ganze Winzling – er wird jetzt Embryo genannt – ist gerade mal drei bis vier Zentimeter groß. Kaum zu glauben, daß er schon ein Herz hat, das schlägt.

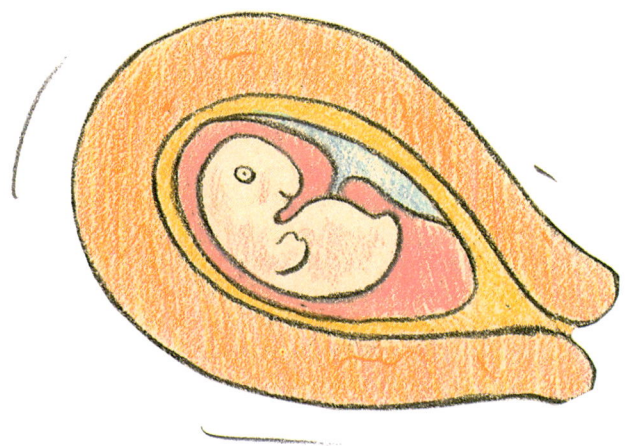

Zwei Monate

Nach zwei Monaten sind bereits Kopf, Arme und Beine deutlich zu erkennen, obwohl das ganze Kind erst ungefähr so groß wie eine Walnuß ist. Sogar allerwinzigste Zehen und Finger bekommt das Kleine jetzt schon, und auch Augen und Ohren beginnen sich auszubilden.

Drei Monate

Einen Monat später, also im dritten Monat der Schwangerschaft – der Embryo wird jetzt Fetus genannt – ist der Winzling ungefähr sieben Zentimeter groß, alles ist an ihm dran, und er bewegt sich in seinem gemütlichen Wassernest. Er kann auch schon schlucken.

Vier Monate

Im vierten Monat mißt das Baby bereits 15 Zentimeter. Das ist natürlich immer noch sehr klein. Seine Hand ist ungefähr nur eineinhalb Zentimeter groß. Laß Dir von Deiner Mutter einmal zeigen, wie klein das ist.

Doch jetzt ist das Baby im Bauch schon recht munter und turnt und schwimmt fleißig im Fruchtwasser herum.

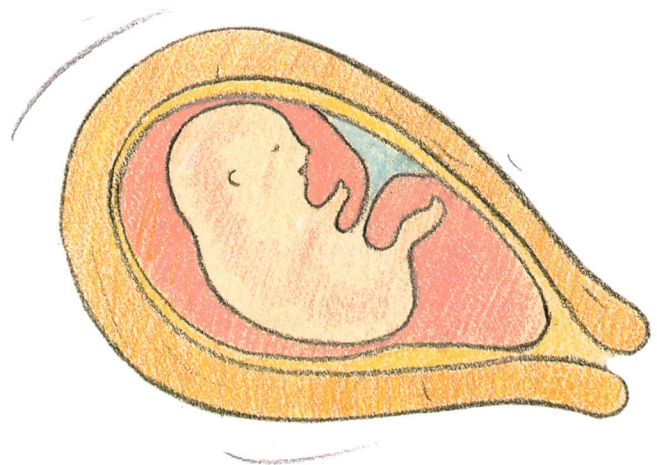

Fünf Monate

Wenn das Kindchen fünf Monate alt ist, spürt die Mutter zum erstenmal, wenn es sich in ihrem Bauch bewegt, wenn es strampelt, Purzelbäume schlägt, Arme und Beine streckt. Jetzt kann das Baby auch schon am Daumen lutschen und bekommt feine Härchen auf seinem Kopf.

Sechs Monate

Im sechsten Monat ist das Kind ungefähr 30 Zentimeter groß und wiegt schon fast ein Kilogramm. Es hat jetzt nicht mehr ganz so viel Platz zum Toben. Wenn es sich kräftig streckt, beult sich der Bauch der Mutter an der Stelle, an der es mit Armen oder Füßen anstößt, nach außen. Das Baby trinkt immer noch gern Fruchtwasser, macht auch zwischendurch Pipi, hat schon Fingernägel und kann hören. Das Wasser dämpft zwar die Geräusche von außen etwas ab, doch bei großem Lärm kann das Kind erschrecken. Wenn man mit dem Mund ganz nah an den Bauch der schwangeren Frau geht und etwas sagt, kann es das Baby drinnen hören.

Sieben Monate

Bisher hatte das Ungeborene seine Augen immer noch geschlossen. Im Bauch ist es ja ziemlich dunkel, das Baby könnte dort ohnehin nicht viel sehen. Trotzdem öffnet es im siebten Monat der Schwangerschaft seine Augen. Es übt schon mal für draußen. Denn in zwei Monaten ist es ja soweit. Die Mutter wird jetzt öfter erzählen, daß sie von innen geboxt wurde. Das Baby hat nicht mehr viel Platz und stößt deshalb häufig an die Wände der Gebärmutter. Das tut der Mutter aber nicht weh.

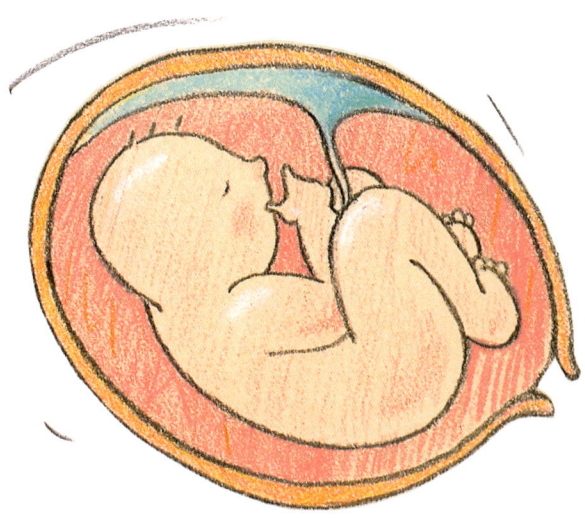

Acht Monate

Nach acht Monaten ist das Baby so groß, daß es nicht mehr herumturnen kann. Alles ist an ihm dran, was es braucht, wenn es auf die Welt kommt: Arme, Beine, Bauch, Kopf, Nase, Augen, Ohren und die Geschlechtsorgane.

Es kann hören, riechen, schmecken, fühlen und sehen. Es kann schlucken, am Daumen lutschen, strampeln, die Augen auf und zu machen. Nun muß es nur noch ein wenig dicker und schwerer werden. Gegen Ende dieses Monats dreht es sich so, daß es mit dem Kopf nach unten und dem Gesicht nach hinten liegt. Denn so wird es auch geboren – mit dem Kopf zuerst.

Neun Monate

Im neunten Monat ist das Baby dann bereit, geboren zu werden. Bald kommt der große Tag, an dem seine Eltern und Geschwister es zum erstenmal richtig anschauen können.

Wie sich die Mutter während der Schwangerschaft verändert

*i*st eine Eizelle befruchtet worden, blutet die Frau auch nicht mehr einmal im Monat, sie bekommt keine Periode mehr, so lange sie schwanger ist. Die meisten Frauen merken erst daran, daß sie ein Baby erwarten. Um sicher zu sein, daß ein Baby in ihrem Bauch wächst, machen sie einen Test aus der Apotheke oder lassen sich vom Arzt untersuchen.

Anfangs spürt die Mutter recht wenig von dem Ungeborenen – zumindest im Bauch nicht. Sie ist oft recht müde oder ihr ist morgens nach dem Aufstehen schlecht. Auch ihre Brust kann sich anders anfühlen als sonst, sie wird auch viel dicker. Manchen Müttern schmeckt jetzt plötzlich der Frühstückskaffee nicht mehr, dafür haben sie aber auf einmal Lust, Sahnetorte und saure Gurken gleichzeitig zu essen. All diese unterschiedlichen Gefühle werden von dem wachsenden Baby ausgelöst.

Die Brust der Mutter

Während der Schwangerschaft wächst der Busen der Mutter. Das ist gut, denn nach der Geburt wird dort die Milch gebildet, mit der das kleine Baby in den ersten Wochen oder Monaten ernährt wird. Schon gleich nach der Geburt kann das Baby zum erstenmal an der Brust trinken.

Jetzt kann man's sehen

Erst etwa nach fast einem halben Jahr ist der Bauch der Frau so groß geworden, daß auch die anderen Leute sehen, daß sie ein Baby erwartet. Hast Du das auch schon mal gesehen?

Natürlich kann es ganz schön anstrengend für eine Frau sein, wenn sie ein immer größer werdendes Baby mit sich herumträgt. Es kann auch sein, daß ihr manchmal der Rücken weh tut und daß ihr die Beine schwer werden oder der Busen zwickt. Deshalb brauchen Schwangere mehr Ruhe als sonst, sind manchmal etwas nervöser oder empfindlich.

Wenn Du ein jüngeres Geschwisterchen bekommen wirst, ist das vielleicht bei Deiner Mutter auch so, und Du mußt öfter mal Rücksicht auf Deine Mutter nehmen und Dich alleine beschäftigen oder ruhig sein.

Wie die ganze Familie aufs Baby wartet

Sobald die Mutter weiß, daß sie ein Baby erwartet, beginnt für die ganze Familie eine spannende Zeit. Alle freuen sich darauf. Aber es gibt auch eine Menge zu überlegen und zu verändern.

Ist noch genug Platz in der Wohnung für ein Baby? Wenn eine Frau und ein Mann ein Kind erwarten, müssen sie manchmal eine neue, größere Wohnung suchen. Gibt es schon größere Geschwister, kann es sein, daß diese ein wenig zusammenrücken müssen. Ins Kinderzimmer kommt dann noch ein kleines Bett und vielleicht ein Regal, in dem Kleidung, Windeln und Babyspielzeug verstaut werden. So ein Baby braucht ja noch einige Sachen, die alle da sein müssen, wenn es auf der Welt ist: einen Platz zum Wickeln, zum Beispiel. Viele winzige Jäckchen, Hemdchen und Strampelhosen, denn das Baby muß mehrmals am Tag frisch angezogen werden. Es kann noch nicht auf den Topf oder aufs Klo gehen, sondern macht Pipi und Kacke in die Windeln.

Was passiert beim Arzt?
Ob das Baby im Bauch der Mutter richtig wächst und sich gut entwickelt, überprüft der Arzt. Alle drei bis vier Wochen geht die Mutter dorthin und läßt sich und das Baby untersuchen. Manchmal geht auch der Va-

ter mit und ein größeres Kind, wenn die beiden schon eins haben. Der Arzt kann nämlich mit einem Gerät (es heißt Ultraschallgerät) in den Bauch hineinschauen und das Baby sehen.

Für Mütter, Väter und Geschwister ist das ein ganz toller Augenblick: Es wird ein kleines Gerät auf den Bauch der Mutter gelegt und auf einem Monitor, wie beim Fernseher oder Computer, erscheint dann das Bild vom Baby. Natürlich sieht man es nicht so, als wenn es schon auf der Welt wäre. Es ist ein wenig verschwommen, aber man kann schon genau erkennen, wo es seine Arme, Beine und den Kopf hat. Und man sieht, wenn es sich bewegt. Man kann auch hören, wie das Herz schlägt. Das schlägt ganz schnell, viel schneller als bei größeren Kindern oder Erwachsenen.

Frage doch Deine Eltern mal, wie das war, als Du unterwegs warst. Sie erzählen es Dir sicher gern.

Das Baby kommt zur Welt

Der Tag der Geburt eines Menschen ist
so schön und wichtig, daß er
ein ganzes Leben lang jedes Jahr
gefeiert wird.

*n*ach ungefähr neun Monaten im Bauch der Mutter ist ein Kind genug gewachsen. Es hat jetzt kaum noch Platz in der Gebärmutter und will auf die Welt kommen.

Die meisten Frauen gehen ins Krankenhaus, wenn es soweit ist. Die Hebamme dort hilft der Mutter, das Baby auf die Welt zu bringen. Das ist nämlich gar nicht so einfach und ganz schön anstrengend. Manche Frauen bleiben aber auch daheim, um ihr Baby auf die Welt zu bringen. Dann kommt eine Hebamme und hilft der Mutter dort.

Sobald die Mutter Bauchweh bekommt, ist es Zeit, ins Krankenhaus zu gehen. Am Anfang ist das Bauchweh gar nicht so schlimm und dauert auch gar nicht lang, aber es kommt alle paar Minuten immer wieder. Diese regelmäßigen Bauchschmerzen bei einer Geburt heißen Wehen. Sie entstehen dadurch, daß das Baby nach unten drückt und sich dabei die Gebärmutter zusammenzieht. Sie zieht sich zusammen und entspannt sich wieder. Bei jedem Zusammenziehen rutscht das Baby ein wenig weiter nach unten in Richtung Scheide, bis es schließlich ganz herauskommt.

Im Krankenhaus

der Vater bringt die Mutter ins Krankenhaus. Entweder mit dem eigenen Auto, oder sie nehmen sich ein Taxi. Wahrscheinlich sind beide ein wenig aufgeregt, denn jetzt wird es richtig spannend. In ein paar Stunden werden sie ihr Baby zum erstenmal sehen und in den Arm nehmen können.

In der Klinik werden die beiden von einer Hebamme begrüßt. Die Hebamme hat gelernt, Frauen dabei zu helfen, ihre Kinder zu bekommen.

Die Hebamme untersucht die Mutter, schaut in ihre Scheide, ob vom Baby schon etwas zu sehen ist, hört die Herztöne des Babys ab. Daran erkennt sie, ob es dem Kleinen gut geht.

Dann gehen Mutter und Vater in ein Zimmer mit einem Bett, in dem das Baby geboren werden soll.

Warten auf die Geburt

Nun heißt es für Mutter und Vater erstmal warten, denn das Baby braucht einige Zeit, bis es aus der Gebärmutter heraus und durch die Scheide hindurch auf die Welt kommt.

Die Gebärmutter hat unten eine Öffnung, die während der ganzen Schwangerschaft fest verschlossen war. Während der Wehen geht diese Öffnung – sie heißt Muttermund – langsam auf, damit das Baby heraus kann.

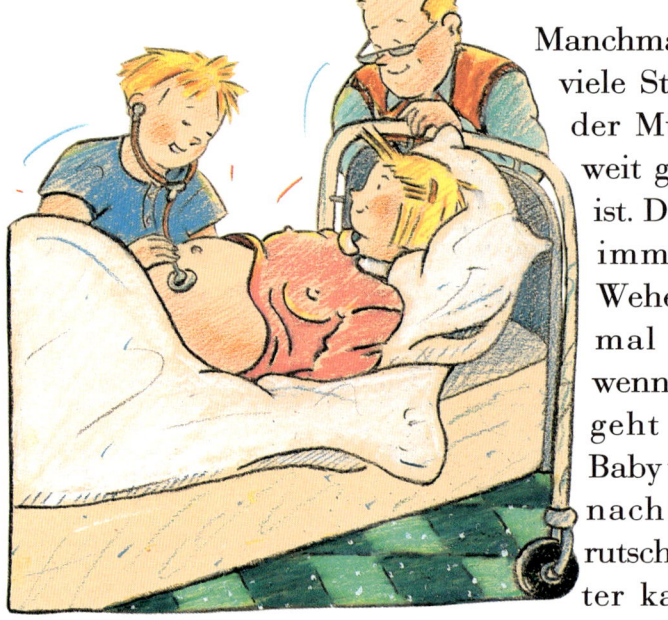

Manchmal dauert es viele Stunden, bis der Muttermund weit genug offen ist. Die Frau hat immer wieder Wehen. Manchmal hilft es, wenn sie herumgeht und das Baby unterstützt, nach unten zu rutschen. Der Vater kann seiner Frau den Rücken massieren, ihre Hand halten, ihr über den Kopf streicheln, damit sie sich nicht alleingelassen fühlt. Manchmal geht es aber auch ziemlich schnell, bis das Baby da ist.

Das Baby drückt die ganze Zeit mit. Es stemmt sich mit seinen kleinen Füßchen ein und hilft so, daß es, Kopf voraus, nach unten rutscht. Hat es genug gedrückt, platzt die Fruchtblase auf, in der es bis jetzt geschwommen ist. Das Fruchtwasser läuft zwischen den Beinen der Mutter weg. Und dann dauert es meist nicht mehr lange, bis das Baby auf der Welt ist.

Das Baby ist da

Und dann kommt der spannendste und anstrengendste Moment: Der Kopf ist da, und die Hebamme zieht ganz leicht und vorsichtig daran, damit das ganze Baby schneller herausrutschen kann – es ist geboren.

Ein wunderbarer kleiner Mensch, erst noch etwas feucht und ganz rot vor Anstrengung, mit Haaren auf dem Kopf, mit Armen und Beinen, Fingern und Zehen, Ohren und Nase, Mund und Augen und Geschlechtsteilen. Daran sehen Mutter, Vater und Hebamme, ob es ein Junge oder ein Mädchen ist. Die Freude ist groß.

Kaum ist das Baby auf der Welt, fängt es an zu schreien. Es will damit sagen, »seht mich, jetzt bin ich da«.

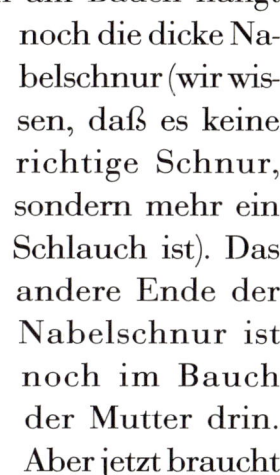

Mitten am Bauch hängt noch die dicke Nabelschnur (wir wissen, daß es keine richtige Schnur, sondern mehr ein Schlauch ist). Das andere Ende der Nabelschnur ist noch im Bauch der Mutter drin. Aber jetzt braucht das Baby diesen Schlauch nicht mehr. Denn Nahrung bekommt es jetzt aus der Brust der Mutter, und es nimmt sie mit dem Mund auf.

Deshalb wird die Nabelschnur kurz nach der Geburt mit einer Schere durchtrennt – oft macht das der Vater, es tut überhaupt nicht weh. Und dann darf sich das Baby auf den Bauch der Mutter legen und erst einmal ausruhen, denn es hat sich in den letzten Stunden mächtig angestrengt, um auf die Welt zu kommen.

Das Neugeborene

Obwohl es gerade eine mordsmäßige Leistung vollbracht hat, ist das neugeborene Baby in den ersten Minuten seines Lebens gar nicht müde. Es liegt auf dem Bauch der Mutter, hat die Augen offen und schaut sich seine Eltern an. Mit dem Mund sucht es nach der Brust, und wenn es sie gefunden hat, saugt es gleich kräftig daran. Die Anstrengung hat es hungrig gemacht.

Das erste Bad

Nach dem ersten Kennenlernen wird das neue Baby gebadet. Das Bad dient mehr der Entspannung, denn schmutzig ist es ja noch nicht. Aber es kann sein, daß noch ein wenig Fruchtwasser an ihm klebt und vielleicht ein bißchen Blut.

Nach dem Baden wird das Baby gewogen und gemessen. Die meisten Babys sind bei der Geburt ungefähr drei Kilogramm schwer und etwa

50 Zentimeter groß. Wie groß und schwer warst Du, als Du auf die Welt kamst? Frag Deine Mutter, sie weiß es bestimmt noch ganz genau.

Natürlich ist jedes Neugeborene einzigartig und deshalb sind auch nicht alle gleich groß und gleich schwer. Genauso wie größere Kinder und Erwachsene unterschiedlich groß und schwer sind.

Nachdem es gemessen und gewogen wurde, kommt ein Arzt und untersucht das Baby genau. Dann bekommt es meist ein Bändchen um den Arm, auf dem sein Name steht oder der Name der Eltern, falls diese noch nicht wissen, wie sie ihr Kind nennen wollen. So kann es in der Klinik, in der ja viele Neugeborene sind, nicht verwechselt werden. Und danach wird es angezogen.

Das Baby wird in einem winzigen Bettchen auf Rädern neben das Bett der Mutter geschoben. So kann sie immer gleich hören, wenn es weint, kann es trösten und füttern, wenn es Hunger hat. Und sie kann es anschauen und sich darüber freuen, daß es nun da ist.

Meist bleiben Mutter und Baby noch ein paar Tage in der Klinik. Sie ruhen sich beide aus, gewöhnen sich aneinander. Die Kinderschwester zeigt der Mutter, wie sie das Baby am besten an die Brust legt, damit es gut trinken kann, und hilft ihr, das Kleine zu wickeln und zu baden.

Manchmal geht die Mutter aber auch schon ein paar Stunden nach der Geburt mit ihrem Kind wieder nach Hause. Dann muß sie sich daheim ausruhen und der Vater, die Oma, die größeren Kinder, eine Freundin oder eine Nachbarin helfen ihr in den ersten Tagen, mit dem Baby und der übrigen Arbeit fertig zu werden.

Mit dem Baby daheim

Kommt die Mutter mit dem Baby aus der Klinik nach Hause, wird es da für eine Weile meist recht unruhig zugehen. Das Kleine hat fünfmal am Tag Hunger und auch noch in der Nacht. Es bekommt seine Nahrung aus der Brust der Mutter, weil es zum richtig Essen noch viel zu klein ist. Das heißt aber, daß die Mutter zum Stillen – so nennt man es, wenn das Baby aus dem Busen trinkt – immer extra Zeit braucht. Es sollte auch ruhig sein

dabei, sonst verschluckt sich das Baby oder bekommt Bauchweh.

Nachdem das Baby getrunken hat, muß es frisch gewickelt werden. Manchmal entsteht der Eindruck, die Mutter würde den ganzen Tag nichts anderes mehr tun, als ihr Baby füttern und wickeln, baden, anziehen, herumtragen und schaukeln.

Das Baby schreit oft

Wenn es etwas braucht, schreit das Baby. Nicht nur, wenn es Hunger hat, sondern auch, wenn ihm langweilig ist, wenn es friert oder wenn ihm zu warm ist, wenn es getragen werden möchte oder will, daß die Mutter oder der Vater in seiner Nähe sind. Es kann sich nur durch Schreien verständlich machen. Sprechen lernt es erst viel später.

Auch nachts müssen Mutter und Vater öfter mal aufstehen und nach dem Baby sehen, weil es weint. Es ist ja noch so zart und klein, und die Eltern wollen, daß ihm nichts fehlt.

Es kommt viel Besuch

Meist kommt in der ersten Zeit auch noch viel Besuch, der das neue Baby anschauen und bewundern möchte. Oma und Opa, Tanten, Freundinnen der Mutter und so weiter.

Diese ersten Wochen mit dem Baby zu Hause sind eine aufregende und oft recht unruhige Zeit für Mutter und Vater, weil alles noch so neu ist für sie. Sie müssen sich erst daran gewöhnen, daß da nun so ein kleines Wesen ist, das Tag und Nacht ihre Aufmerksamkeit braucht. Sie können nicht mehr einfach ins Kino gehen oder zum Einkaufen oder spazieren, denn so ein kleines Wesen kann man nicht allein lassen. Es könnte aufwachen, wenn es gerade schläft, und weinen oder Hunger oder Bauchweh haben. Schrecklich, wenn dann keiner da wäre.

Alles dreht sich immer nur ums Kleine

Für größere Geschwister sieht es in dieser Zeit oft so aus, als wären sie abgeschrieben. Alles dreht sich nur noch um diesen neuen Winzling. Die Erwachsenen wieseln nur so herum, um ihm alles recht zu machen. Die Geschwister müssen ständig leise sein, um das Baby nicht aufzuwecken, oder Geduld haben, wenn sie etwas von der Mutter wollen. Denn erst ist das Baby dran. Sie dürfen mit dem Kleinen auch noch nicht spielen. Und das, wo sie sich doch so gefreut haben.

Wer zu Besuch kommt, bringt Geschenke für das Baby mit. Große Geschwister haben jetzt leicht mal das Gefühl, sie sind nicht mehr wichtig und die Leute verges-

sen, daß es sie auch noch gibt. Manchmal bekommen sie dann eine richtige Wut auf das Baby. Wäre es nicht besser, wenn es nicht in die Familie gekommen wäre?

Es ist verständlich, daß ein größerer Bruder oder eine größere Schwester sich das jetzt manchmal wünscht. Denn leicht ist die erste Zeit mit dem Baby für Geschwister nicht.

Doch große Geschwister müssen eines wissen: Als sie noch Babys waren und die Mutter mit ihnen überglücklich nach Hause gekommen ist, war es ganz genauso. Alles hat sich nur um sie gedreht. Vater und Mutter waren aufgeregt und haben Tag und Nacht alles getan, daß ihnen nichts fehlte. Omas, Tanten und Nachbarinnen haben Geschenke für sie gebracht, und alle haben sich riesig gefreut, daß sie da waren.

Auch jetzt freuen sich noch alle, daß sie da sind, daß sie sich mit Mutter und Vater aufs Baby gefreut haben. Die Mutter ist wahrscheinlich sehr froh, daß sie einen so großen Sohn hat oder eine so große Tochter. Sie freut sich natürlich auch, wenn das größere Kind ihr helfen will, sich ums Baby zu kümmern. Oder wenn es aus seinen Puppen oder Stofftieren eines aussucht und für sich ein »Baby« daraus macht. Dann kann es seiner Mutter genau abschauen, was man mit so einem kleinen Ding alles tun muß, und selbst Mutter spielen.

Mama und Papa haben Dich genauso lieb

Manchmal vergessen Mütter und Väter, ihren größeren Kindern das alles zu sagen, vor lauter Aufregung ums Baby. Sicher ist aber, daß sie auch ihre großen Kinder genauso gern haben und sich freuen, daß sie da sind.

Ist das Baby erst einmal ein paar Wochen oder Monate alt, werden das die Großen von selbst wieder merken. Denn dann ist die erste Hektik und Aufregung vorbei. Alle haben sich daran gewöhnt, daß nun noch ein Menschlein in der Familie lebt. Und das Baby wächst auch und lernt jeden Tag eine Menge dazu. Wahrscheinlich vergeht nicht mal ein Jahr, dann kann man schon richtig mit ihm spielen.

Adressen

Adressen, an die man sich beim Verdacht auf Mißbrauch wenden kann:

Deutscher Kinderschutzbund, Schiffgraben 29, 30159
Hannover, Tel.: 0511/304850 (Dort werden örtliche
Anlaufadressen vermittelt.)

»Wildwasser«, Mehringdamm 50, 10961 Berlin, Tel.
030/78 65 017

»Kind im Zentrum«, Sybelstr. 30, 10629 Berlin, Tel.
030/24 70 90

Arbeitsgemeinschaft ärztliche Beratungsstellen gegen
Kindesmißbrauch, Prof. Dr. Hermann Olbing,
Universitätskinderklinik Essen, Hufelandstr. 55,
45122 Essen, Tel. 0201/72 32 810

»Dolle Deerns«, Juliusstr. 16, 22769 Hamburg, Tel.
040/43 94 150

»Zündfunke«, Hamburg, Tel. 040/89 01 215

»Zartbitter« e.V., Stadtwaldgürtel 89, 50935 Köln,
Tel. 0221/40 57 80

Imma-Mädchenhaus, Baldestr. 8, 80469 München,
Tel. 089/26 85 65